Kla[illegible]
Pa[illegible]
Fabio Gandara
Óscar Rivas

Nosotros, los indignados

imago mundi

Klaudia Álvarez
Pablo Gallego
Fabio Gándara
Óscar Rivas

Nosotros, los indignados

Las voces comprometidas del #15-M

Prólogo de
Stéphane Hessel

Ediciones Destino Colección Imago Mundi **Volumen 207**

Diagonal, 662-664. 08034 Barcelona
www.edestino.es

Primera edición: julio de 2011

ISBN: 978-84-233-4525-0
Depósito legal: M. 26.205-2011
Impreso por Unigraf, S.L.
Impreso en España-*Printed in Spain*

El papel utilizado para la impresión de este libro es cien por cien libre de
cloro y está calificado como papel ecológico.

Índice

Saludo a los indignados españoles

En las últimas páginas de mi libro *Dans avec le siècle** me hacía esta pregunta: «Nuestras sociedades, ¿conocerán un nuevo despertar o un crepúsculo definitivo?». A la vista de lo que ha ocurrido y está ocurriendo en plazas y barrios de numerosas ciudades españolas, en la Puerta del Sol de Madrid, en la plaza de Catalunya de Barcelona, en Sevilla, en Valencia, en Bilbao, en Oviedo..., no puedo más que expresar mi agradable sorpresa y satisfacción de encontrarme en connivencia con los sentimientos y las inquietudes de miles de indignados de este gran país, diverso y plural, que es España, cuya tradición de lucha y resistencia contra los conculcadores de la libertad y de los derechos humanos viene de antaño.

Desde estas páginas, me place acompañar estas voces comprometidas que han intervenido activamente en el movimiento del 15-M. Considero esencial que la movilización de los indignados españoles se acom-

* Destino publicará este libro, las memorias de Stéphane Hessel, en los próximos meses con el título *Bailando con el siglo. (Esta nota y las siguientes son del editor.)*

pañe de efectos beneficiosos para revitalizar los valores de la democracia y para impulsar las reformas que exige la mayoría de los ciudadanos.

Mis saludos más cordiales a los indignados españoles y mi apoyo entusiasta para que asuman el compromiso por inquietud ética de actuar y movilizarse.

STÉPHANE HESSEL
París, 1 de junio de 2011

No hay vuelta atrás: vamos a más y mejor

KLAUDIA ÁLVAREZ

Soy profesora. Para mí los años empiezan en septiembre. El tiempo se mide en cursos escolares y este de 2011 que ahora se acaba ha marcado un punto de referencia no sólo en mi vida, sino en la de muchas personas. Tengo el privilegio de haber vivido la #spanishrevolution en Barcelona desde el primer momento, desde dentro y de haber visto cómo calaba día a día. Este cambio, de la indiferencia a la implicación en manifestaciones, acampadas y reivindicaciones diversas, es una muestra del despertar que se ha producido en la sociedad, lo que me llena de alegría y de esperanza.

Tengo treinta y cinco años, una gata, un trabajo que me gusta, buenos amigos, una familia y hasta mi propia casa. ¿Por qué estoy indignada? Todo el mundo me dice que tengo motivos de sobra para ser feliz y, sin embargo, hace mucho que estoy indignada. La cuestión es que tengo muchas más cosas. Por ejemplo, un padre que hace demasiado que está en paro y unas cuantas amigas con contratos precarios, un trabajo que sigue siendo temporal después de ocho años y una hipoteca que pagaré hasta que cumpla los setenta. Pero, sobre todo, tengo ojos que me sirven para ver que no se trata de una situación aislada, ni siquiera de una crisis. Hace tiempo que pienso que este modelo de sociedad tiene los días contados. A menudo me he sentido extraña, viendo cómo todo seguía igual un día tras otro. Parecía que a nadie le importaba. Y eso era lo más irritante.

La semilla del cambio

Un día abrí una cuenta en Twitter. Aparecieron en mi vida un montón de nuevas palabras: Anonymous, *hacktivismo*, #sindepírate, Tahrir, ciberrevolución, Ddos, Hessel, #nolesvotes, #malestar, Islandia…, y la semilla del cambio se instaló en mi cabeza. Mucha gente seguía pensando que nada importaba y que nada podía cambiarse, pero algunas personas empezamos a variar la perspectiva. La red aparecía ante nosotras no sólo como un medio de información, inspiración y comunicación, sino como un instrumento para organizar nuestra indignación. A través de @Dima_Khatib seguí las revoluciones árabes. Y descubrí que la «desorganización» en forma de red, sin un centro claro y en constante mutación, puede ser muy organizada. Empecé a comprender lo que Manuel Castells llama «wikirrevoluciones» y constaté que el poder de los internautas y de las redes sociales es difícil de contener. Y comencé a soñar con una #globalrevolution sin cerebro central que se contagiara de forma viral y que naciera de la indignación de millones de personas.

En pocas semanas mi Facebook pasó de mostrador de mi vida a boletín de contrainformación. La red social, diseñada para rendir culto a los egos, se convirtió en un arma de organización colectiva mucho más potente de lo que podíamos imaginar. Fue allí donde, medio por casualidad y medio por curiosidad, encontré a mis compañeros indignados, ávidos de acción como yo. Allí, en un muro de Facebook donde se gestó todo, decidimos una fecha, el 15 de mayo, que acabaría convirtiéndose en algo mucho más grande que nosotros mismos. Pusimos fecha y hora, sin tener conciencia de lo que aquello iba a desencadenar. Y empezamos a trabajar. Mentes de todos los puntos del país elaboraron, debatieron y volvieron a elaborar un manifiesto, unas propuestas, unas estrategias fruto del consenso. En tres meses escasos la idea de una movilización ciudadana asindical y apartidista cobró cuerpo en sesenta ciudades. Se formaron equipos de trabajo deslocalizados: de propuestas, internacional, de comunicación... Se puso en marcha una web y un foro. Se generaron cientos de vídeos, canciones, lemas, pancartas, emails, carteles, eventos, octavillas...

El cerebro en red

El cerebro en red es una máquina productiva increíble. Simultáneamente se organizaron asambleas que crecían y se multiplicaban en comisiones. El proceso se reproducía de una ciudad a otra: personas de todo tipo nos encontrábamos y en unos días pasábamos de ser absolutos desconocidos a constituir una familia movilizada. Nos unía un objetivo común, que habíamos pensado y alimentado entre todos, y allí se iba todo nuestro tiempo libre, nuestras energías, nuestra imaginación y nuestra confianza. Cada domingo asamblea, para vernos, tocarnos y organizarnos. Cada noche Facebook, Twitter, pads, nuestras inteligencias conectadas trabajando en red.

Se iba acercando el día. Nerviosas y cansadas, en la semana previa al 15-M hubo momentos para todo: chapas, canciones, encarteladas, multas, fiestas, ruedas de prensa, risas, talleres, pancartas, charlas y mucho, mucho internet. Si los medios nos ignoraban, haríamos nuestra propia campaña. El primer día, sesenta tuiteros lanzamos en simultáneo el *hashtag* #15m. Y funcionó, en media hora estábamos en el top 5. Aun así siguió el #silenciomediatico, y decidimos contraatacar. Los #15mfacts volvieron a ser *trending topic*,* re-

* Los *trending topic* son las palabras clave más usadas en un momento dado en Twitter. El buscador localiza esas palabras

galándonos sonrisas con tuits como: «PSOE y PP: Nadie hablará de vosotros cuando os hayamos encerrado», «Señoras que salen el domingo a pasear y acaban haciendo la revolución», «Si hacer el amor cada cuatro años no es tener vida sexual, votar cada cuatro años no es democracia» o «¡Atención, atención! La niña de Rajoy vendrá a la manifestación del #15m». El Gran Wyoming dijo: «Los facts del #15m son más graciosos que los guionistas de mi programa, ¡Maldita sea!», pero los grandes medios seguían sin escucharnos. Nos habíamos ganado la red, pero aún no sabíamos lo que pasaría en la calle. Confiábamos en el #pásalo.

El 15 de mayo, tras un invierno de trabajo y aprendizaje continuo, me vi subida a un camión, en la plaza de Catalunya de Barcelona, micro en mano, delante de 15.000 personas indignadas. Pero no hizo falta decir mucho. La multitud estalló con su propio grito de guerra: «¡Sí se puede!». Hasta ese día no nos lo creíamos.

Las movilizaciones del 15-M superaron todas nuestras expectativas, incluso las más optimistas. Por la asistencia masiva, por la actitud entregada de la gente y por la revolución que se desató esa misma noche. Más allá de ideologías, de nacionalismos o de edad, gente de todo tipo hizo suyas las reivindicaciones, por-

---

clave por medio de la almohadilla (en inglés, *hashtag*) que los usuarios anteponen al término en cuestión.

que venían de ellos mismos. Alzamos nuestra voz sin necesidad de ser representados por nadie y tomamos conciencia del papel activo que podemos ejercer en la política. La sorpresa ante el poder auto-organizativo de la sociedad cogió desprevenidos a los medios y a los políticos, que hasta ese mismo día no habían demostrado el más mínimo interés en nuestro movimiento.

«¡SI BARCELONA NO TIENE MIEDO, *A MADRID NO TENIM POR*!»

Nosotras tomamos también conciencia de que son muchas más las cosas que nos unen que las que nos separan, de que esas diferencias no son más que constructos que nos han metido en la cabeza. Unos días más tarde, mientras en Barcelona intentaban desalojar la plaza de Catalunya, Madrid gritaba y tuiteaba: «¡Si Barcelona no tiene miedo, *a Madrid no tenim por*!». ¿Dónde estaban las rivalidades y los abismos territoriales? Somos todas iguales, somos las mismas, igual de precarias, de cansadas y de enfadadas. Somos los nadie sin miedo y sin futuro, en Barcelona, en Atenas o en Tahrir.

Y tenemos la legitimidad de lo irrebatible. Aquello que reclamamos es tan básico y de sentido común que es imposible no estar de acuerdo. Tener una vida digna es prioritario. También lo es una vivienda digna para todas las personas, sin importar dónde hayas nacido. Como lo es una atención sanitaria y una educación de calidad. Y más prioritario aún es que todo el mundo deje de vivir en la precariedad.

Mientras estos derechos básicos no estén garantizados no hay democracia. Mientras existan clases privilegiadas no habrá democracia. En un país con casi cinco millones de personas sin empleo y 300.000 desahucios, no se trata sólo de participar en las decisiones. Quien tiene hambre o quien llega a casa tras una jornada agotadora por un sueldo miserable no está para política. Mientras no haya garantías de un estándar básico de calidad de vida para todos no habrá democracia.

Garantizar los derechos sociales es responsabilidad del Estado, que actualmente legisla en contra de esos derechos para perpetuar los privilegios y agrandar el abismo entre la minoría dominante y la mayoría precarizada, entre una casta que continúa enriqueciéndose año tras año y una población cada vez más endeudada. Son unos pocos los que han creado la crisis y pretenden que la paguemos entre todas.

Contra la perversión de la democracia

Lo llaman democracia y no lo es. Nos han vendido una falsa sensación de libertad y de capacidad de intervención que nunca tuvimos. La «fiesta de la democracia», llaman a las elecciones. ¿Qué democracia? ¿La de los ministros y concejales corruptos? ¿La del bipartidismo? Votar cada cuatro años no es democracia. Las elecciones son la farsa de la partitocracia. No quiero que nadie me represente, quiero decidir por mí misma. Quiero que ejecuten las medidas que la ciudadanía decida y que cumplan el programa con que se presentaron y por el cual se les votó. Estamos funcionando con leyes y estructuras obsoletas. El poder se ha construido un sistema que le permite perpetuarse y excluye todo lo que no sirva a ese propósito. Pero somos muchas, una multitud preparada y motivada, y sabemos luchar.

De momento ya hemos conseguido resignificar muchas palabras, entre ellas el concepto de «democracia». Pero no sólo ésa. La realidad se construye a través del lenguaje y darle la vuelta es más revolucionario de lo que muchos piensan. Nos llaman «antisistema» con la intención de descalificarnos, y respondemos: «No somos antisistema, el sistema es antiyo». Las etiquetas que nos aplican, nosotras las rellenamos con nuevo contenido. Somos antisistema corrupto, antisistema neocapitalista, antisistema de castas, antiprivatizaciones, antiguerras absurdas, antideshaucios, antirrecortes.

Me preocupa que un partido al que no ha votado ni un tercio del censo de mi ciudad pueda gobernar con plena impunidad para contradecir la voluntad de la verdadera mayoría. Un sistema que permite eso no es democrático. Un sistema en el que un gobierno legisla ignorando la voluntad de sus ciudadanos es una perversión de la democracia.

Reclamo una nueva concepción de la participación de las personas en la toma de decisiones, acorde con nuestro tiempo. Ese sistema representativo, heredado de la revolución burguesa, ya no representa a nadie. La distancia entre los administrados y los gobernantes es cada vez mayor. Uno de los retos para construir una sociedad 3.0 es responder a esa demanda global de participación. Descentralizar el poder y dejar que la ciudadanía tome sus decisiones.

Existen otros modelos que se han demostrado mejores. El afán de mantener este sistema electoral desfasado sólo puede provenir del deseo de mantener el control sobre la población, de preservar el poder cueste lo que cueste. La tiranía de la «representatividad», que exime a los representantes de cualquier vinculación programática o de responsabilidad ante sus votantes, disfraza de democracia lo que en realidad es una dictadura en la que los votantes pueden, cada cuatro años, elegir a su dictador.

En otros países, como Suiza, las decisiones importantes se toman por referéndum. Estos referéndums son vinculantes y la iniciativa de convocarlos está en manos de la ciudadanía, no de los políticos. Continuamente hay consultas vinculantes, y es un sistema que funciona. En Islandia, el primer ministro, Ólafur Ragnar Grímsson, sometió a referéndum devolver o no la deuda bancaria. Se negó a firmar la ley que obligaba a los islandeses a pagar unos intereses desmesurados y dejó la decisión en manos de los afectados, porque no se sentía con derecho a decidir por ellos. Según sus propias palabras: «Islandia es una democracia, no un sistema financiero». En España, en cambio, se decide y se legisla contra los deseos manifiestos de los españoles. Si nos dejaran decidir, los bancos no habrían sido rescatados ni la sanidad pública recortada. Islandia decidió no pagar por los errores de sus bancos, mientras que aquí se está financiando con dinero público la deuda que los bancos han generado con sus especulaciones.

Tenemos alternativas

El neoliberalismo que rige los mercados internacionales siempre apela al libre flujo del dinero, a la ausencia de fronteras financieras. Pero esta receta sólo se la aplican los poderosos cuando hay beneficios. En cuanto tienen pérdidas, el libre flujo deja de existir y las deudas se quedan en los países más frágiles. Esto es simple y llanamente una agresión, y además silenciada. Que nosotras tengamos que pagar su crisis, sus deudas, sus errores, mientras ellos siguen disfrutando de sus vidas lujosas me genera una rabia indescriptible. Sobre todo cuando está claro que existen otras vías para salir de la crisis que no pasan por la socialización de las pérdidas y la privatización de los beneficios. Los islandeses han demostrado que la presión de la ciudadanía tiene consecuencias.

Existe una salida antineoliberal a la crisis financiera en la que no caben los desahucios, los recortes ni los rescates. Durante mucho tiempo se nos ha impuesto un velo informativo que nos hacía creer que no había otra opción. Los poderes financieros han secuestrado la democracia y los medios de información, fomentando la resignación y la apatía. Pero esa dinámica finalmente está cambiando y no estamos dispuestas a comulgar con más ruedas de molino.

Muchas de las propuestas que han surgido del 15-M tienen el respaldo de expertos y el aval de haberse aplicado en otros países, con buenos resultados. Hemos de aprender de lo que funciona y dejar de lado fórmulas que sólo generan más problemas. No hace falta documentarse mucho para encontrar similitudes entre el programa de austeridad europea impulsado por el FMI y los desórdenes económicos inducidos por el mismo FMI en la América Latina de los años setenta. Contamos con otros modelos basados en un sistema de prestaciones sociales generosas y en la aplicación del principio de igualdad. Hacia ahí debemos avanzar. Y no sólo en lo económico. Debemos reordenar las prioridades en nuestra vida cotidiana, recuperar los valores perdidos en esta orgía consumista en la que vivimos y basar nuestra sociedad en una distribución equitativa.

Nuestra crítica al modelo actual de gestión política y económica no es vacía. No es un arrebato romántico. Señalamos claramente otros modelos de gestión posibles, modelos de participación efectiva y de distribución de poderes. Denunciamos la insostenibilidad de los actuales sistemas de explotación de los recursos y los procesos de producción, distribución y consumo. No podemos continuar como hasta ahora, porque los recursos son finitos, y el crecimiento ilimitado, imposible. Es cada vez más urgente este cambio de paradigma a nivel global, que haya una distribución más justa en todas las sociedades, entre Norte y Sur.

Hay medidas muy simples que, ya estudiadas, pero que aún no se aplican, como la tasa Tobin* para las transacciones financieras especulativas o la eliminación de las ventajas fiscales de las SICAV.** En defi-

* El economista James Tobin propuso en 1972 la creación de un impuesto sobre los flujos de divisas como fórmula para estabilizar el sistema monetario internacional tras el abandono del patrón oro. Organizaciones como ATTAC han recogido la propuesta en los últimos años y le han dado nuevo impulso.

** Sociedades de Inversión de Capital Variable, instrumento financiero ideado para gestionar inversiones colectivas en los mercados financieros.

nitiva se trata de establecer una fiscalidad más justa. Que paguen más los que más tienen, y habrá más para todo el mundo.

¡Nunca más anestesiados: llegó el momento!

Me han preguntado muchas veces si realmente pienso que todo esto sirve para algo. La respuesta es SÍ. De lo contrario, no estaría dedicando a esta lucha tantas energías. No puedo prever el futuro, pero algo me dice que es aquí donde debo estar. Creo que estamos en un momento crítico, un momento de inflexión en el que un modelo de sociedad está tocando a su fin. Queramos o no se va a producir un cambio. La cuestión es hacia dónde. Lo que hagamos ahora, lo que consigamos, la dirección que le demos al nuevo modelo definirá el futuro, por eso es tan importante no dejar que decidan las oligarquías, por eso debemos tomar conciencia, indignarnos y actuar. Tenemos la responsabilidad de reformular el mundo y dejar uno mejor a quien venga detrás.

A los que dicen que las movilizaciones no sirven para nada, les digo que se equivocan. Las movilizaciones son un primer paso, indispensable para dar el siguiente. Lo más importante no es la cantidad de personas acampadas en Sol o que sesenta ciudades salieran a la calle el 15-M. Lo verdaderamente importante es el cambio en la estructura mental de las personas que hemos estado viviendo estas movilizaciones. Lo importante es creer que podemos. Es que las abuelas levanten las manos y las agiten en código asambleario como si lo hubieran hecho toda la vida. Es oír a dos adolescentes hablando de apuntarse a una comisión de trabajo. Es ver cómo una señora abraza a dos jóvenes indignados en medio de una plaza y les da las gracias por haber hecho «esto». ¿Y qué es «esto»? «Esto» es pasar de la resignación a la acción.

Veo un futuro brillante como hace mucho tiempo que no veía. Las cosas no se arreglan en dos días, lo sé, esto es una carrera de fondo.

Llegó el verano, y con él las vacaciones. Pero seguiremos ahí, tomaremos las playas igual que tomamos las calles y las plazas, porque por fin hemos abierto los ojos y ya nunca volveremos a estar anestesiadas.

http://twitter.com/#!/democraciareal

«Cómo se gestó el movimiento 15-M», del blog de Pablo Buentes: http://storify.com/pablobuentes/que-es-y-como-se-gesto-el-movimiento-15m; http://blogs.lavanguardia.com/guerreros-del-teclado/2011/05/02/la-calle-y-la-red-es-nuestra/

«La calle (y la red) es nuestra», del blog de Lali Sandiumenge: http://blogs.lavanguardia.com/guerreros-del-teclado/2011/05/02/la-calle-y-la-red-es-nuestra/

El cambio comienza en ti

PABLO GALLEGO

> «Cuando era joven y mi imaginación no tenía límites, soñaba con cambiar el mundo. Según fui haciéndome mayor, pensé que no había modo de cambiar el mundo, así que me propuse un objetivo más modesto e intenté cambiar sólo mi país. Pero, con el tiempo, me pareció también imposible. Cuando llegué a la vejez, me conformé con intentar cambiar a mi familia, a los más cercanos a mí. Pero tampoco conseguí casi nada. Ahora, en mi lecho de muerte, de repente he comprendido una cosa: si hubiera empezado por intentar cambiarme a mí mismo, tal vez mi familia habría seguido mi ejemplo y habría cambiado, y con su inspiración y aliento quizá habría sido capaz de cambiar mi país y —quién sabe— tal vez incluso hubiera podido cambiar el mundo.»
>
> Inscripción en una lápida de la abadía de Westminster

«Soy un joven hastiado de la situación de España y sé que no estoy solo.» Así comencé el 9 de febrero de 2011 un post que se titulaba «Mayo del 68 en España». Mi intención era redactar y dar a conocer un manifiesto sujeto a las modificaciones de aquellos que leyesen mi blog. Quería plasmar en un texto un listado de propuestas representativas de los jóvenes españoles.

Vi en Facebook un grupo que se denominaba Juventud en Acción y les posteé mi blog. Poco después me incorporé a la Plataforma de Coordinación de Grupos Pro-Movilización Ciudadana, de donde surgiría Democracia Real Ya. ¿Quién nos iba a decir que tres meses más tarde seríamos partícipes del mayor movimiento convocado directamente por los ciudadanos en la historia de la democracia española?

Escribo este texto para compartir mi experiencia con vosotros, para contar de primera mano por qué ocurrió, quién estuvo detrás de todo esto y para disipar dudas y malentendidos. Otro motivo es denunciar la manipulación de algunos medios que han intentado desprestigiarnos, diciéndonos que somos de extrema izquierda o de extrema derecha, que si perroflautas, votantes del PSOE defraudados, que si estábamos entrenados por grupos de la *kale borroka* y demás mentiras que seguro que habéis oído durante los últimos meses.

Yo soy un sí-sí

La actual crisis nos afectaba a los jóvenes de una manera desmesurada y comenzábamos a vislumbrar un futuro muy incierto cuando no excluyente. Algunos medios decían que éramos la Generación Perdida o la Generación Ni-Ni. Yo no lo veía así. A mis veintitrés años, yo soy un sí-sí. Estudio y trabajo. Sólo un 1 por ciento de los jóvenes han rechazado estudiar y trabajar.

La crisis, esa maldita palabra que nos acompaña desde 2008, y que algunos negaron. Siempre salía, y sale, en conversaciones con amigos y conocidos, ya sea en la barra del bar, en la peluquería o en la cola del Inem. Siempre con las mismas frases: «La cosa está muy mal», «Nada va a cambiar», «Ya nadie confía en los sindicatos»... En España tenemos un 45 por ciento de jóvenes en paro, más la odisea que supone conseguir unas prácticas a 300, 500, 600 euros o, abrochaos los cinturones, gratis. Hemos vivido una especulación inmobiliaria que ahora provoca desahucios de muchas familias que han sido engañadas y estafadas.

La realidad era muy cruda y el discurso pesimista. Nuestros políticos se tiraban los trastos a la cabeza y no arrimaban el hombro, salvo para su propio interés. Tenemos casos graves de corrupción donde los imputados no sólo no dimiten sino que se vuelven a presentar a las elecciones. La democracia interna de los partidos es nula. Los dos grandes partidos españoles sólo son máquinas de ganar elecciones. Únicamente se acercan a los ciudadanos cuando toca ir a las urnas y es en ese momento cuando proponen medidas populares; un maravilloso marketing político financiado por los bancos.

Al ser el único país europeo donde no existe una ley de transparencia de partidos, no sabemos cuánto dinero se maneja en las campañas. Mientras tanto, los partidos minoritarios no son ayudados por los bancos, no reciben ningún tipo de subvención y son maltratados por el sistema.

Acabáis de descubrir lo que es una partitocracia, y una de las muchas razones por las que salí a la calle el 15 de mayo.

También mi familia tenía incertidumbres sobre mi futuro: «¿Te vas a ir al extranjero a trabajar?», «Aquí no vas a hacer nada, tienes dos carreras, hablas inglés, alemán y en el extranjero el español está muy valorado». Desde pequeño hice cursos en Irlanda, Inglaterra y Estados Unidos. Incluso estuve de Erasmus un año en Alemania, pero me negaba a hacer las maletas e irme. Empezaba a percibir que estaban echando a nuestra generación, que no cabíamos en nuestro propio país y que, además, nadie iba a hacer nada para modificar la situación. En España viven mi familia y mis amigos, y todos nos merecemos una vivienda digna, un trabajo digno y un futuro digno. ¿Iba a dejar el país en llamas y salir corriendo? De eso nada, había que actuar.

Por eso, miles de personas se vieron durante estos días obligadas a salir a la calle para exigir un sistema más justo, solidario y libre. Sí, los tres adjetivos que definen la carta de los derechos humanos. ¿Todavía seguís creyendo que no había suficientes razones para salir a la calle?

Los ciudadanos no nos reunimos el 15-M para boicotear la democracia, tampoco lo hicimos para formular propuestas milagro que nos sacaran de esta crisis, ni pedíamos un voto concreto. Nos concentramos porque sabíamos que existían una serie de problemas, y que sólo con nuestra implicación podríamos conseguir solucionarlos. Conseguimos despertar la conciencia política y sólo eso ya ha sido una victoria sin precedentes en la historia reciente de nuestro país.

Días después del 15-M, los comentarios que llegué a escuchar en los medios me preocuparon: «¿Y qué proponen?», «¿Por qué ahora?», «Son sólo cuatro gatos», «Un movimiento de izquierda dirigido por Rubalcaba», «El PSOE conspirando como en el 11-M»... Por favor, ¿cómo pueden manipular la información de semejante manera? Creo que básicamente los medios decían estas cosas por dos motivos: porque les pagan para que lo digan y porque cierta gente disfruta escuchándolo y leyéndolo.

A todo esto, yo empecé a investigar. ¿Cómo se provocó la crisis? ¿Quiénes la provocaron? ¿Qué medidas se estaban tomando? Y, lo más importante, cómo podía aportar mi granito de arena para cambiar esta situación.

Seis razones para indignarse

En mi opinión, las seis causas de la crisis en España han sido, básicamente, la corrupción, el gasto público, la especulación inmobiliaria, la privatización de las cajas, la inacción de la ciudadanía y el abismo entre los políticos y los ciudadanos:

- Más de 100 candidatos imputados se presentaron a las elecciones municipales y autonómicas en 2011. La corrupción no hace dimitir a nadie en este país. Creo que debería legislarse para que los candidatos imputados no se puedan incluir en las listas electorales.
- Existen duplicidades en las diferentes administraciones, y administraciones redundantes (como las diputaciones), más de tres millones de funcionarios (que superan los 2,3 millones de trabajadores del sector industrial). En conclusión: el Estado ha estado haciendo un gasto público irresponsable. Tomad nota de que el Premio Nobel de Economía de 2010 lo ganaron tres economistas que pusieron a nuestro país como ejemplo de cómo el subsidio del paro ha producido la no búsqueda de empleo y con ello su destrucción.
- La especulación inmobiliaria fue permitida por los políticos, no lo niego, pero también la alentaron los ciudadanos. Nos deberían haber avisado,

sí, pero también algunos deberían haber visto que es una locura meterse en una hipoteca a 40 años.

- La privatización de las cajas es otro de los problemas. Las cajas son similares a los bancos, pero lo que las diferencia de éstos es que destinaban parte de sus beneficios a fines sociales. Debido a la eliminación de determinadas restricciones legales en 1977, empezaron a ofrecer los mismos servicios que los bancos. Si sumamos eso a que en su dirección participaban políticos, podréis entender por qué han acabado privatizándose. Las cajas empezaron a expandirse y a dar créditos impagables a las constructoras que fomentaban la burbuja inmobiliaria. Además, los políticos las utilizaban para financiar a aquellas empresas que ofrecían servicios a los ayuntamientos y las comunidades autónomas, fomentando así un gasto superfluo. Ahora no tienen liquidez ni manera de afrontar su deuda, por lo que necesitan o fusionarse o ser absorbidas por la banca privada tradicional.
- La ciudadanía muestra permisividad e inacción. Gran parte de los españoles prefieren escuchar con quién se ha acostado el hijo de un torero o de una duquesa. Es, en general, una ciudadanía que busca lo fácil, lo cómodo, cuyo deseo es ser funcionario y donde la iniciativa brilla por su ausencia. ¿Qué ha pasado con la curiosidad en este país? ¿Qué ha pasado con el interés por una sociedad mejor?

- Existe un abismo bastante preocupante entre los partidos y la ciudadanía, un abismo que se hizo muy visible en el 15-M. En el siglo XXI los ciudadanos forman espectros diferentes y heterogéneos, y esa pluralidad no aparece reflejada en nuestro Congreso, debido a la ley electoral y a que no existen listas abiertas donde decidir a qué político en concreto votas. Mientras miles de ciudadanos acampaban en las diferentes plazas mostrando su indignación, ellos hacían su campaña y contabilizaban cada uno de los votos que iban a conseguir.

Mi visión a nivel internacional es diferente; en ese ámbito, mi principal preocupación es la economía de casino que se ha implantado en el mundo. Me parece espeluznante que la codicia especulativa de unos pocos mate de hambre a miles de personas al día.

Los países BRIC (Brasil, Rusia, India y China) y México tienen un crecimiento constante y positivo gracias a unos modelos de reparto equitativo de la riqueza que producen un incremento de la clase media. ¿Qué le ocurre a Europa? ¿Por qué es la principal perjudicada por la crisis? Portugal, Irlanda, Grecia, Italia, España... están al borde de la bancarrota, sus inoperantes gobiernos y su escasa competitividad han hecho de éstos un lastre que ni países como Alemania pueden levantar. Esto ha sido así porque no existe una política ni una estrategia común que proteja a la clase media.

El neoliberalismo es una palabra que aparece en muchos textos de nuestro movimiento y que hace referencia a un concepto que considero que hay que diferenciar del liberalismo clásico. Ese «neo» se traduce en algo muy común en nuestros días: la privatización de beneficios y socialización de las pérdidas. En cambio, en el liberalismo auténtico, si un banco cae en bancarrota, jamás se rescata.

Apuesta por el mercado libre

Yo planteo que el mercado debe ser realmente libre, y que sólo así conseguiremos una democracia real. Que tú elijas con quién quieres establecer una relación económica y que el Estado no fije precios, ni ponga impuestos abusivos, ni empiece a cobrar antes de que una empresa tenga beneficios. El Estado no debe ser el creador de puestos de trabajo, eso debe hacerlo la iniciativa privada. Abrid la mente, la iniciativa privada no son las telecomunicaciones, la banca ni el gran capital. La iniciativa privada son las pymes: las panaderías, las peluquerías, las academias de inglés o los hostales. Estas empresas son las que ofrecen el 80 por ciento de los puestos de trabajo de este país, los que se están destruyendo a causa de la crisis.

Abogo porque la sanidad, la educación y la banca no sean privatizadas. ¿Por qué? Porque lo privado no busca satisfacer las necesidades de todos, sólo persigue beneficios, y estos tres elementos que he nombrado deben estar al servicio de los ciudadanos. Necesitamos una banca ética que no especule con el dinero de los ciudadanos, que dé créditos a las pymes para fomentar la actividad económica, y que sea sostenible. Necesitamos una sanidad universal que nos permita superar cualquier enfermedad sin tener que pagar 50.000 euros al más puro estilo americano. Y necesitamos una educación que favorezca que la siguiente generación sea aún más crítica que la nuestra y mejor preparada.

Internet es el segundo invento más importante de la Historia tras la imprenta de Gutenberg. Después de las revueltas del mundo árabe que empezaron en las redes sociales, ¿cómo es que nadie previó que los jóvenes españoles podíamos hacer lo mismo? Es cierto que nosotros gozamos de una mayor calidad de vida y de un sistema político que nos permite manifestarnos pero estas revoluciones tienen un denominador común: un país mejor para un mundo mejor.

Todos deseamos que estas revoluciones no se lleguen a instrumentalizar. Hay miedo de que Túnez, Egipto o Siria se conviertan en países islamistas con líderes integristas, hay miedo de que Grecia salga del euro e instaure un sistema con el que muchos europeos están en desacuerdo, y en España también hay miedo de que nuestro movimiento se convierta en una ideología excluyente. Como bien observó un amigo mío: «Esto no es una cuestión de ideologías, es una cuestión de principios». A todas estas personas que tengan ese miedo, las animo a que participen activamente con la ciudadanía y a que formen parte de las comisiones, de las asambleas de barrio. Que no tengan miedo, en resumen, a decir lo que piensan y lo que sienten.

Esto es imparable

A la hora de imaginarme cómo será el mundo dentro de unos años, se me plantean diferentes escenarios posibles. Lo que sí sé es que, si mantiene su carácter pacífico y la unión que ha mostrado hasta ahora, el Movimiento 15-M conseguirá todo lo que se proponga. El Mayo del 68 quiso romper radicalmente con el sistema, mientras que nuestro modus operandi es ir aplicando poco a poco cambios continuos de carácter reformista. Esto conllevará un cambio real y necesario. Según los sondeos publicados por algunos medios, el 80 por ciento de la población española se siente identificada con los indignados. Progresivamente hemos ido encontrando un consenso de mínimos y queremos fomentar iniciativas legislativas populares para plantear en los diferentes órganos del Estado nuestras propuestas. Esto es imparable.

Necesitamos que la Unión Europea dé un paso

más, de acuerdo con la perspectiva de la generación que está saliendo a la calle. No tengo ninguna duda de que nuestra generación tomará las riendas de una Europa Unida, que busque una ventaja competitiva que la convierta en un espacio político lleno de oportunidades y con una buena calidad de vida.

Espero y deseo que esa Unión proteja las libertades y las propiedades de los ciudadanos, pero que sobre todo sea una democracia participativa donde las decisiones y el poder final estén en manos de los ciudadanos. En esa nueva Unión Europea deberían ser los expertos, elegidos también por los ciudadanos, los que redacten las leyes; donde haya una separación de poderes real y la justicia no dependa del poder político, sino de una carta magna y de un código civil y penal redactados con la participación y decisión de los ciudadanos.

Como habréis podido observar, la larga cita con la que comienza mi texto es un referente para mí y, si se me permite, para cuantos comenzamos el movimiento. Empecé cambiándome a mí mismo y tomando conciencia política y social de la situación, luego intenté convencer a amigos y familiares de que había que actuar. Tres amigos míos vinieron a Madrid el 15-M, amigos que en un principio no estaban interesados en la política pero a los que demostré que existía un camino largo que podíamos hacer. Otros me preguntaban a través de las redes sociales y empezaron a trabajar en sus respectivas ciudades. Luego, después de un trabajo muy duro por parte de muchísimas personas, se convocaron más de 60 manifestaciones por todo nuestro país y tras ello las simbólicas acampadas. Por último, vimos manifestaciones de apoyo en las principales ciudades del mundo, incluso en sitios tan recónditos como Siberia.

Sólo me queda dar las gracias a todos los que me habéis acompañado en el camino: muchísimas gracias por haberme hecho creer que otro mundo mejor es posible. Os pido paciencia; no es que vayamos despacio, es que el camino es largo. Y tú, ¿nos acompañas?

De un «¡ya basta!» en la red al 15-M

Fabio Gándara

Soy un indignado. Soy una más de las miles de personas que, en la inolvidable primavera española de 2011, lanzó un grito a los que dicen representarme y gobernarme: «¡Ya basta!». No me mueven oscuros intereses, no respondo a complot alguno: lo único que enciende mi indignación es mi sentido común y mi concepción de la justicia y la dignidad.

Soy un joven gallego de veintiséis años, licenciado en Derecho y Políticas, con su inevitable máster, dos años de trabajo a sus espaldas y varios meses desesperanzadores en el paro. Es decir, un perfecto representante de la supuesta «generación perdida» española.

En efecto, pertenezco a esa generación que hace sólo unos años vivía en una burbuja de irrealidad, mimada por familias que, motivadas por el rechazo a los dogmas autoritarios del franquismo y como reacción frente a la escasez, nos proporcionaron de todo y en abundancia: bienes materiales, apoyo, libertad, educación… Sumidos en esa burbuja, muchos pensábamos que todo nos vendría dado, que la vida sería un complaciente discurrir en el que alcanzaríamos metas sin problema alguno. Pero poco a poco vino el despertar y el fin de ese sueño.

No fue sólo la crisis. Llevábamos tiempo asistiendo, impotentes, al desmoronamiento de nuestro futuro a través de la generalización de los contratos temporales, de los sueldos de miseria, de viviendas inalcanzables... Nuestras ilusiones se iban esfumando, pero la reacción era siempre aplazada por el autoconvencimiento de que llegarían tiempos mejores.

Con máster, idiomas y sin futuro

Aquellos con estudios universitarios preferíamos, por ejemplo, seguir creyendo que enlazar un máster tras otro, aprender más idiomas y continuar nuestra formación de forma indefinida acabaría por garantizarnos un futuro digno. Pero muchos nos fuimos dando cuenta de que nuestro futuro, y el de nuestro país, no se solucionaría por sí solo. Nuestra apatía sólo servía para favorecer la institucionalización de una democracia falseada, en la que el juego político se realiza en esferas alejadas del pueblo y de forma complaciente con los intereses empresariales, ignorando a las personas, las familias y los grupos que componen esta sociedad y hurtándoles la posibilidad de decidir sobre lo que afecta a su vida y a su bienestar.

Y es que mientras en las jóvenes generaciones se acentuaba la desafección por la política, una nueva élite se había adueñado de este país, para tergiversar el sentido de la palabra «democracia» estableciendo un gobierno ceñido a la consecución de intereses de un porcentaje muy reducido de la sociedad.

En el resto del mundo las perspectivas tampoco han sido halagüeñas: las promesas de progreso tecnológico, de crecimiento económico y de extensión del bienestar parecían diferirse en el tiempo, mientras se acentuaban cada vez más las desigualdades, el equilibrio ecológico se tornaba más precario y, en definitiva, el progreso hacia el que debería tender la humanidad se postergaba indefinidamente.

Durante las últimas décadas, las democracias occidentales han visto pervertidos sus fines y sus métodos hasta llegar a un mundo en el que las personas ya no son lo primero, en el que los Estados, en teoría garantes de los derechos de los ciudadanos y del desarrollo equilibrado de sus sociedades, sólo se preocupan de asegurar la rentabilidad de las cuentas públicas y de facilitar a las grandes corporaciones la acumulación desenfrenada de ganancias.

En definitiva, nos encontramos de bruces con una triste realidad en la que los lemas a los que dio a luz el mundo moderno (libertad, igualdad, fraternidad) son constantemente ultrajados y tergiversados, una realidad supeditada a los designios de las finanzas en la que los inocentes son castigados y los culpables premiados, en la que los ricos son cada vez más ricos y los pobres cada vez más pobres.

Esta situación individual y colectiva empezó a prender la mecha de mi indignación. No obstante, seguía sintiéndome solo. No encontraba en mi entorno una respuesta de otros como yo, no veía la posibilidad de articular mi descontento y mis ganas de cambiar las cosas a través de opciones que no fuesen instituciones completamente fagocitadas por el sistema u organizaciones que seguían utilizando clichés propios del siglo XIX para combatir los problemas de hoy en día.

Por otro lado, uno de los principales problemas al que me enfrentaba, como cualquier otra persona consciente de su indignación, era la incapacidad para alcanzar una comprensión última y general del sistema, de las causas finales que han determinado esta injusta situación. Sin duda, en el mundo de nuestros días, es difícil señalar un «enemigo» claro y unívoco.

La parálisis, nuestro peor enemigo

Pero la dificultad de desentrañar el mundo que nos rodea y el alcance de los cambios necesarios no deben desanimarnos. La parálisis es nuestro peor enemigo. Como bien señala Hessel en *¡Indignaos!*, a pesar de que es más sencillo rebelarse contra una fuerza opresora ocupante que frente a un oscuro entramado internacional de poderes políticos y económicos, es preciso no «claudicar ni dejarse impresionar por la dictadura actual de los mercados financieros que amenaza la paz y la democracia».* Para que muchos despertásemos, fue necesario que un valiente hombre de noventa y tres años, luchador incansable a lo largo del siglo XX, nos hiciera esa exhortación.

Como he dicho, la convicción de la necesidad de actuar se afirmaba cada vez con más fuerza en mí, pero no sabía ni cuándo ni cómo hacerlo. La sensación que percibía en mi entorno era de impotencia, apatía, resignación o miedo frente a la imposibilidad de cambiar las cosas. Iban pasando los meses, la situación del país era cada vez más insostenible, el paro alcanzaba cifras insospechadas, los recortes sociales eran cada vez más drásticos y ni un gobierno ni unos sindicatos supuestamente de izquierdas daban respuestas a las demandas e intereses del ciudadano de a pie. Pero, aun así, nadie era capaz de alzar la voz para denunciar la situación. España seguía dormida.

La perspectiva comenzó a cambiar con las revueltas árabes y las protestas que sacudieron Europa desde Grecia hasta Islandia. En esos días, comprobé con emoción que en pleno siglo XXI los pueblos aún po-

* STÉPHANE HESSEL, *¡Indignaos!*, Destino, 2011, pág. 26.

dían aspirar a autoorganizarse para cambiar situaciones injustas. Y fui consciente de que el primer paso debía consistir en alzar un grito de indignación contra nuestros gobiernos, contra aquellos que deberían haber defendido nuestros intereses.

Paulatinamente comprendí que, a pesar del aparente sueño en el que nos habíamos sumido en España, las ganas de actuar existían, sólo que aletargadas, disgregadas, como consecuencia de la peculiar idiosincrasia de un país en el que la sociedad civil siempre ha sido muy débil.

Éste es uno de los principales motivos por los que, a pesar de una situación económica, política y social insostenible, la indignación ha tardado tanto en aflorar en España. Alexis de Tocqueville definió el concepto de «sociedad civil» como el conjunto de organizaciones e instituciones cívicas voluntarias y sociales que actúan como mediadores entre los individuos y el Estado. Es decir, la existencia de una sociedad civil, diferenciada de la sociedad política, es un requisito previo para una democracia real. Sin ella no puede haber un Estado legítimo, como afirma el sociólogo Alain Touraine. Por su parte, Jürgen Habermas distingue dos componentes principales en la sociedad civil. Por un lado, la libre asociación de los ciudadanos que, autoorganizándose, se defienden del poder y del mercado. Por otro, el conjunto de movimientos que plantean nuevas demandas sociales y vigilan la aplicación efectiva de los derechos ya reconocidos. La falta de estos elementos es un déficit claro en nuestro país, y uno de los principales causantes, a mi juicio, de la inexistencia de una pronta reacción frente a los desmanes de los poderes políticos y financieros.

Organizados en red

Frente a esta realidad, había que buscar una alternativa que canalizase por fin la indignación de los españoles, despertándolos de su letargo. La solución, una vez que asistimos perplejos a lo sucedido en Túnez, Egipto, Marruecos y otros países, se antojaba clara: las redes sociales. Estos instrumentos, tan flexibles y abiertos, ofrecían grandes posibilidades. Si bien muchos acusaban a Facebook o Twitter de favorecer el abandono de la realidad en pos de un mundo insustancial en el que únicamente se producía un fugaz intercambio de naderías, las herramientas de las redes sociales pronto demostraron su enorme potencial. La organización social que en España había resultado hasta entonces inviable se hacía ahora posible gracias a internet.

Por tanto, el germen del Movimiento 15-M nació en las redes sociales. Ahí empezamos a gestar, en febrero de 2011, el proyecto de Democracia Real Ya, una plataforma de coordinación de grupos ciudadanos, donde jóvenes y mayores, igualmente indignados, comenzamos a trabajar para hacer ver al mayor número de gente posible que somos muchos los que queremos reaccionar frente a las tropelías que los poderes financieros y políticos han cometido en los últimos años.

Ésta ha sido una de las claves del éxito de lo ocurrido en España en los últimos meses: el paciente trabajo para que personas muy diferentes, asociaciones y grupos con fines distintos dejaran de lado sus diferencias y se pusieran de acuerdo no sólo en el sentimiento de indignación que nos une, sino también en la convicción de que un cambio es necesario para evitar que nuestra sociedad, nuestro país, nuestro mundo continúen por los actuales derroteros de injusticia y autodestrucción.

A las pocas semanas, el movimiento comenzó a coger fuerza. Primero sólo éramos unas decenas de internautas que discutíamos, un poco desorientados, sobre qué podíamos hacer. Poco a poco fuimos creciendo, gracias a una intensa labor de difusión, y nuestros objetivos se fueron perfilando. A través de un debate completamente abierto, decidimos una fecha, un lema, un manifiesto, y empezamos a configurar grupos locales de trabajo. Finalmente, el movimiento tomó las calles de las ciudades de España, y el 15 de mayo fue un absoluto éxito. Aún me sorprende ver lo que hemos logrado gracias al trabajo de personas anónimas, sin apenas medios y sin apoyo de ninguna institución u organización.

La canalización de esta indignación en un principio no pasaba por dotarse de un programa político detallado. Algunos nos criticaron por eso, pero es absurdo que se nos exigiesen, en pocos días, propuestas concretas sobre problemas que expertos y políticos no han sabido resolver en décadas. Hoy resulta aún difícil discernir las demandas concretas de los soñadores de Mayo del 68, pero nadie duda de que aquel movimiento cambió el mundo. Como entonces, lo esencial era despertar la furia razonada y legítima de la mayoría de los ciudadanos frente a un sistema a todas luces injusto e ilegítimo.

La #spanishrevolution

Tras lo vivido en estos meses, no cabe duda de que aquel objetivo se ha cumplido con creces: no sólo conseguimos despertar y articular la dormida indignación de nuestra sociedad, sino que el movimiento español de los indignados se ha constituido como modelo de protesta cívica en todo el mundo: la *Spanish Revolution* puede pasar a la historia como un ejemplo de reivindicación pacífica ejemplar.

Desde Democracia Real Ya prendimos la mecha de la indignación el 15 de mayo, y a partir de ese momento se logró lo que todos habíamos buscado: que miles y miles de personas se echasen a la calle e inundasen las redes sociales para reivindicar sus derechos, debatir sobre su futuro, replantearse el funcionamiento de nuestro país y del mundo y, en definitiva, llevar de nuevo la política al ágora abierta y plural del día a día.

A partir de ahora, creo que esta indignación ha de tornarse en fuerza creadora y ser la espoleta de la regeneración de nuestra democracia y, en general, de la actual situación económica y política, a través de la consecución de medidas concretas y progresivas. Los fines son claros: lograr una democracia más plena y equilibrada, y una sociedad más justa e igualitaria. Más complejo es saber cómo trazar el camino hacia esas mejoras, cómo dar respuesta a la pregunta de: «¿Y ahora qué?».

Para empezar, debemos tener claro que los cambios llegarán progresivamente. No podemos llegar al fin del camino sin recorrerlo en toda su extensión. Pero con firmeza y ambición es posible ir obteniendo logros más importantes de lo que jamás habríamos soñado.

El primer paso ya está dado: hemos despertado a la sociedad española. Ahora se trata de que, a través de este imparable movimiento ciudadano, la sociedad haga valer su voz y se erija como un actor político que pueda poner el dedo sobre la llaga, señalar y denunciar los problemas y proponer a los poderes públicos soluciones a implementar en pro de la ciudadanía.

La globalización ciudadana

Los cambios deberán realizarse a dos niveles: en nuestro propio país e, ineludiblemente, a nivel internacional, ya que la globalización ha supuesto que los Estados se encuentren condicionados por poderes económicos que se mueven sin restricciones ni fronteras en un marco completamente desregulado. Por ello, es esencial que esta globalización económica que estamos viviendo se convierta en una globalización ciudadana.

Las nuevas tecnologías pueden ayudar a que las sociedades civiles de distintos países se pongan de acuerdo para presionar de forma coordinada a sus gobiernos, exigiéndoles que sometan a los actores económicos globales a un marco legal que impida el secuestro y la coacción de los gobiernos democráticamente elegidos por parte de dichos poderes.

En este sentido, es fundamental lograr una reorientación de la Unión Europea. Décadas de políticas irresponsables han logrado que los ciudadanos europeos, antes entusiasmados por ese proyecto en común, hayan llegado a la conclusión de que dicha comunidad es sólo un instrumento al servicio de los poderes financieros y de las grandes corporaciones, que ignora por completo los intereses de los pueblos que conviven en Europa y sustrae a los mismos la capacidad de decidir sobre aspectos esenciales que afectan a su destino. La Unión Europea, una vez que vuelva su mirada hacia los ciudadanos y ponga a los poderes financieros en el lugar que les corresponde, será un foro esencial para la implantación de cambios reales en nuestras vidas. Es nuestro deber coordinarnos con nuestros vecinos del resto del continente para exigir a los gobiernos que cambien su rumbo.

Objetivos prioritarios

Me atrevería a señalar que los cambios deberán tener un contenido básico ya esbozado en parte durante el proceso seguido por la sociedad islandesa.

Ante todo, hemos de regenerar nuestra maltrecha democracia, que, como la de otros muchos países, sufre de una deslegitimación producto de la desconexión absoluta entre nuestros representantes y los intereses ciudadanos. Hay que acometer una reforma del sistema electoral con objeto de lograr una mayor proporcionalidad; implantar mecanismos que garanticen una división real de poderes; poner coto a la corrupción; incrementar el nivel de transparencia del funcionamiento de los partidos, la Administración y las instituciones, y establecer nuevas vías de participación ciudadana que conviertan la vida política en algo más que introducir una papeleta en una urna cada cuatro años. En la era de la Red 2.0, es inconcebible que no se habiliten cauces que permitan a los ciudadanos hacer uso de las nuevas tecnologías para expresar su opinión en aquellos asuntos públicos que les conciernen de forma directa.

En otro orden, los culpables de la actual crisis económica han de asumir sus responsabilidades. Por tanto, si los beneficios obtenidos por unos pocos no fueron repartidos en su momento, las pérdidas en ningún modo han de ser asumidas por el grueso de la sociedad. No se debería permitir que entidades bancarias sean rescatadas con dinero público si ello no entraña su nacionalización o sin que al menos se les imponga un marco regulatorio estricto, ni se deben aplicar políticas de reducción de déficit basadas en el recorte de los servicios públicos, cuando es posible implementar políticas mucho más razonables que opten por la generación de ingresos mediante políticas fiscales progresivas más justas y eficaces.

Asimismo, deben preservarse los derechos sociales conseguidos tras años de duras luchas, impidiendo que sean recortados so pretexto de una «competitividad» empobrecedora cuyo único fin es permitir que unos pocos sigan engrosando obscenamente sus beneficios.

Por último, es hora de que los gobiernos se coordinen para defender los intereses reales de los ciudadanos, estableciendo un nuevo marco regulatorio internacional que, entre otros objetivos, ataje la inmoralidad que supone la existencia de paraísos fiscales y limite las transacciones financieras especulativas, gravándolas con una tasa destinada a financiar la ayuda al desarrollo de los países más pobres y los servicios públicos de los Estados recaudadores.

Llevar a la práctica estas propuestas será una ardua tarea. Los intereses de las grandes corporaciones y los poderes financieros son demasiado grandes, su codicia desmedida, y los líderes políticos con los que contamos en la actualidad no están, desgraciadamente, a la altura de las circunstancias. No obstante, a pesar de lo ingente de la tarea, nosotros, como ciudadanos, tenemos la fuerza suficiente para exigir cambios que vuelvan a poner a las personas en el centro de la política y de la economía. Lo más difícil ya está hecho: somos conscientes de que el sentido común está de nuestro lado y de que tenemos la fuerza y la capacidad para cambiar las cosas. Ahora es el momento de luchar por un mundo más justo.

Democracia Real Ya: http://www.democraciarealya.es/
Manifiesto del Movimiento 15-M: http://www.democraciarealya.es/?page_id=88
Movimiento 15-M: http://movimiento15m.org/
#No les votes: http://wiki.nolesvotes.org/wiki/Portada
Spanish Revolution: http://www.spanishrevolution.es/sprev/

La democracia real acampó en Sol

ÓSCAR RIVAS

El pasado 15 de mayo acudí a la convocatoria de Democracia Real Ya en Madrid con dos objetivos: mostrar mi indignación sumándome a la manifestación y documentar audiovisualmente el evento. Al término de la manifestación parecía que nadie quería irse, las conversaciones sobre la situación que vivimos a todos los niveles (económicos, políticos, sociales) se alargaron y se multiplicaron los corros de debates espontáneos. Todos parecíamos compartir experiencias que empezaron varios años atrás. Todos compartíamos la indignación y el hartazgo.

A mis treinta y ocho años, el hartazgo tiene tanto que ver con la situación social y la pérdida de valores de la sociedad como con mi experiencia profesional. Esta última se remonta a 1993, año en que monté mi estudio de sonido especializado en posproducción y masterización digital. Mi joven empresa no resistió las consecuencias de la crisis de Maastricht y murió. Indignación.

Más tarde conseguí un trabajo en Radio Nacional

de España. Mi misión consistía en digitalizar el archivo sonoro de la emisora. La contratación se hizo a través de una empresa de trabajo temporal, que prometió que las condiciones del precario contrato que nos hicieron mejorarían tras los primeros meses. Pero las condiciones no sólo nunca mejoraron, sino que acabaron empeorando. Ésa fue la primera vez que la indignación me llevó a organizar a mis compañeros y acudir a los sindicatos del ente público, que se limitaron a pasarse la pelota de unos a otros. Ninguno nos ayudó. Más indignación.

Tiempo después me embarqué en un proyecto de concienciación vial muy bien acogido por las autoridades competentes, pero se produjo un cambio de gobierno en la institución que lo patrocinaba y los nuevos dirigentes lo desestimaron. Más y más indignación.

Posteriormente emprendí, junto con un equipo formidable de personas, uno de mis sueños: crear una escuela de comunicación independiente y comprometida socialmente. Tras algunos intentos de dar a conocer el proyecto —que llamamos RESET Escuela de Comunicación—, y no lograr el eco suficiente de los medios, tuvimos que dejarlo en *stand by*. Indignación máxima.

El mío es tan sólo uno más de los miles de ejemplos que por toda España dan fe de cómo nos ha tratado este sistema y esta sociedad.

Una experiencia apasionante

El 15 de mayo nos manifestamos porque compartimos una situación indignante en la que aquellos que se supone que la deben arreglar, lejos de hacerlo, cada vez se encuentran más distanciados de los intereses de los ciudadanos.

Aquel domingo, por la tarde, me marcho de la Puerta del Sol por otros compromisos, pero al regresar a casa por la noche veo en Facebook un vídeo de un amigo que se ha quedado con unas cuarenta personas. «Mañana amanecemos aquí y no nos vamos hasta que esto se arregle», me dice al despedirse. Me arrepiento de haberme ido.

Al día siguiente me uno a ellos. Cuando llego hay una carpa en la que se amontona todo lo necesario para establecer un campamento. No sé de dónde procede, pero continuamos recibiendo de ciudadanos que se desplazan hasta allí todo tipo de material: sacos de dormir, alimentos, medicinas. Nos intentan dar dinero, que no aceptamos, y vuelven al rato con cualquier cosa que han decidido comprar, como sillas y mesas, o un generador de electricidad, con el que cargo horas más tarde, durante la intervención de la policía para levantar el campamento.

Al atardecer comenzamos a organizar las comisiones de trabajo. Me apunto a la de comunicación, ya que es donde creo que mejor puedo ayudar y formo parte del equipo de portavoces durante los primeros siete días. Lo que vivo aquellos días es tan intenso como emocionante, pero lo que me llega a estremecer es el apoyo espontáneo de una ciudadanía tan heterogénea como generosa. El cariño, las ilusiones renovadas y el crecimiento imparable que va adquiriendo el movimiento nos hacen asumir una responsabilidad que nadie nos ha impuesto y que tratamos de ejercer con entusiasmo y humildad. Podría llenar hojas contando ejemplos de ese microclima social que allí hemos vivido, pero me limitaré a narrar sólo algunos.

La primera tarde apareció una pensionista con una bolsa del supermercado llena de cruasanes para el desayuno del día. Era un gran desembolso para su economía, pero le pudo el amor que le despertamos y que nos transmitió. Nos dio las gracias por lo que estábamos haciendo, nos pidió que llegásemos hasta el final, y se despidió con un «¡ya era hora!».

Me llegó al alma un padre de mediana edad que vino con sus dos hijos pequeños la tercera mañana de la acampada para darnos las gracias. Le respondimos que gracias a él por venirnos a apoyar y nos respondió: «No, gracias a vosotros porque estáis luchando para que mis dos hijos puedan tener un futuro mejor».

La intensidad de trabajo atendiendo a los medios de comunicación era incesante. En ocasiones estuve hasta 32 horas seguidas al pie del cañón, sorprendido yo mismo por una energía que me parecía inagotable.

El trato con los medios en general era bastante bueno y he de romper una lanza en defensa del respeto y la ecuanimidad con que muchos de ellos han tratado el movimiento. Algunos periodistas, después de su jornada laboral, incluso colaboraban en la comisión de comunicación. Otros, sin embargo, trataron desde el primer momento de desprestigiarnos, incluso inventaron o nos tendieron trampas, aunque nunca representaron un gran problema para nuestro movimiento.

Después de la primera semana decido salir del equipo de portavoces porque hay que rotar y necesito recuperar energías. El trabajo es muy absorbente y sobre todo necesito coger perspectiva.

Cuando regreso a Sol, las cosas no son tan bonitas. Se han acentuado algunos problemas iniciales de organización, desaparecen documentos, ordenadores portátiles y teléfonos; hay paranoia con que existen infiltrados de todo tipo; se generan algunas tensiones que se disipan rápidamente por la intervención de psicólogos o mediadores que están en el campamento. La comisión de respeto también hace una labor admirable. Resulta difícil poner orden en una organización que se basa en la horizontalidad y la espontaneidad, y hacerlo sin que nadie se sienta molesto. En todo caso, creo que se debe más a los excesos de ego que a cualquier otra cosa.

Ágora Sol Radio

Desde el principio me había planteado montar una radio del movimiento. La iniciamos unos pocos, pero en la siguiente asamblea de comunicación se suman otras personas que proceden de radios libres. En un local que nos ceden, cercano a Sol, montamos el estudio de Ágora Sol Radio. Las primeras reuniones son muy fluidas, sin tanto protocolo asambleario y con bastante eficacia.

El grupo se organiza bien, estoy presente en la primera emisión, y me incorporo a otro frente que se está abriendo y que nos preocupa a muchos: la elaboración del llamado «consenso de mínimos», en el que pretendíamos aunar las propuestas comunes para presentarlas al Congreso de los Diputados.

La estrategia consistía en otorgar un plazo para su ejecución y, en caso de no obtener respuesta, convocar una movilización ciudadana para exigirlas de nuevo. Con ello perseguíamos representar la opinión de la ciudadanía y permitir la continuación del trabajo del movimiento en otros asuntos de mayor envergadura, como política a largo plazo o propuestas más concretas y trabajadas sobre economía y otros ámbitos.

Me preocupa que, sistemáticamente, ese consenso de mínimos no salga adelante en las asambleas generales. La inmensa mayoría de la gente vota a favor, pero una o dos personas cruzan los brazos mostrando su oposición. Desde entonces, para un grupo cada vez más grande, este consenso de mínimos es nuestra batalla principal, aunque esto me aleje temporalmente un poco de la radio, que me apasiona.

Repito hasta la saciedad a mi alrededor que no debemos dedicar tanto tiempo a quejarnos de la penosa situación actual porque esto nos quita tiempo para elaborar propuestas y soluciones.

Los sabios consejos de Punset

Observamos que cada vez más gente se aleja del movimiento por pensar que las asambleas no son muy eficaces, y los que nos quedamos sufrimos esta situación con cierta impotencia. Tanto es así que un día mi compañera, Alicia, y yo decidimos acercarnos al Retiro para hablar con Eduardo Punset, que está firmando en la Feria del Libro, a ver si arroja un poco de luz sobre este tema que tanto nos preocupa y que no sabemos cómo solventar. Eduardo nos atiende al finalizar una jornada agotadora firmando libros. Es un privilegio conversar con él. El contacto es sincero, afectuoso y con la sencillez propia que sólo los hombres cuyo talento es verdadero poseen. Nos transmite paz y dos ideas muy claras: «Está dentro de lo normal que esto os ocurra, ya que las asambleas tienen este riesgo, pero tenéis que seguir trabajando para conseguir ese consenso con el que toda la sociedad se vea representada, y recordad a la gente que esto sólo lo vamos a conseguir con una actitud pacífica». También compartimos la certeza de que hay que reformar la Ley Electoral, ya que según él nos explica, se redactó tal como es durante la Transición, para fortalecer a los partidos que habían sobrevivido al franquismo; pero que, obviamente, ahora está obsoleta y genera situaciones claramente injustas. Nos sentimos reafirmados en nuestra posición y lo seguiremos intentando.

Como también colaboro en la subcomisión de estrategias de comunicación y están realizando una serie de entrevistas a personalidades del mundo de la cultura, me ofrezco para desplazarme a Donosti a entrevistar a Lolo Rico, escritora y especialista en comunicación. Conozco a Lolo desde la época de mi escuela de comunicación y llevo varios días deseando poder charlar con ella sobre lo que está pasando con el movimiento. El viaje lo hago con Ángela, compañera de comunicación desde el primer día, Alicia y Pilar, compañeras del grupo del consenso de mínimos. La respuesta, el apoyo y el cariño con que nos atiende Lolo son similares a los de Punset y coincide en que es necesario lograr ese acuerdo para poder avanzar, porque hay que empezar por algo concreto que exigir a los políticos. Pasamos una tarde muy intensa, emotiva y muy creativa compartiendo ideas con ella. Por la noche, antes de regresar a Madrid, visitamos a los acampados en el Bulevar de San Sebastián. Tenemos la suerte de que esa noche también están de visita unos compañeros de Bilbao. Fue otro encuentro cargado de emoción y compañerismo. Todos coincidimos en que este movimiento destila un humanismo que añorábamos desde hacía mucho tiempo.

El desgaste del tiempo

Mientras, la acampada de Sol se resiente por el paso del tiempo. Cierto es también que cuando estábamos planeando desmontar el campamento se produjo el brutal desalojo de los acampados en la plaza de Catalunya de Barcelona por los Mossos d'Esquadra. Después, ante las movilizaciones en Grecia, también nos pareció oportuno mantener la acampada como símbolo de unión y solidaridad. Pero el paso de los días no evita que la acampada se disperse y se enrede en una maraña de comisiones, subcomisiones y asambleas desgastadoras para organizar esta microsociedad. También juega en nuestra contra la permeabilidad de una plaza pública que permite que se infiltren todo tipo de *trolls*, topos, o una pequeña parte de la sociedad que poco o nada tiene que ver con el movimiento, pero que se instala en el campamento con fines muy diferentes o directamente contrarios a los que perseguimos. Pero ¿quiénes somos nosotros para echar a unos colectivos marginales? Dilema moral.

Lo que está claro es que, a pesar de todo esto, estamos consiguiendo salir adelante sin tener que lamentar ningún incidente violento, extendiendo una enorme red de contactos, mejorando la manera de funcionar y aprendiendo mucho de todo y de todos.

Muchos sabemos que la acampada ha de tener una fecha de cierre, y decidimos promover y participar en asambleas de pueblos y barrios, además de convocar varias concentraciones periódicas para continuar unidos y seguir exigiendo nuestras peticiones.

Pensando en el futuro, tengo el propósito de trabajar junto con otros compañeros en la creación de un medio de comunicación de ámbito internacional, para que todas las ciudades donde ha habido o sigan existiendo acampadas estemos conectadas por un sistema fiable y seguro. Ha de ser un gran medio de comunicación hecho por y para todos. También nos proponemos que incluya una aplicación de voto electrónico que los compañeros de la página web AgoraOnRails ya tienen funcionando desde hace unos meses y cuyo fin es dar respuesta a la necesidad de una democracia más participativa. Una democracia del siglo XXI.

«Cooperar nos hace más felices.
¿Lo has notado?»

A pesar de todos los problemas y desajustes de nuestro movimiento, tengo el convencimiento de que lo que hemos hecho ha despertado la conciencia colectiva y nos ha devuelto nuestra dignidad. Nos está sirviendo también para encontrarnos con muchas personas afines, de muy diversas profesiones, con capacidad de organización, lo que nos posibilita colaborar para generar proyectos o autoempleos con iniciativas creativas y basadas en estos valores comunes.

Igualmente creo que cada vez más gente se irá sumando a la construcción de una sociedad más equilibrada, porque ahora sabemos que somos muchos, más de los que pensábamos, los que queremos una sociedad más sensata, que anteponga los intereses colectivos a los de los grupos de poder. Nos hemos unido para lograrlo y lo vamos a conseguir porque estamos comprometidos. No debemos permitir que se nos escape esta oportunidad que nos ha llevado a reencontrarnos como seres humanos y debemos seguir trabajando con la confianza de saber que podemos, que tenemos las actitudes y las aptitudes que nunca deberíamos haber olvidado que poseíamos y que queremos la renovación de la clase política o crear una nueva.

Debemos trabajar cada día apoyándonos en los mejores valores del ser humano, sin perderlos nunca del horizonte de nuestros objetivos; al hacerlo veremos que los resultados que obtengamos nos llevarán por un camino más satisfactorio y distinto del que nos han hecho seguir hasta ahora.

Sirva de colofón un cartel de la acampada de Sol que me encontré entre las tiendas una mañana de la primera semana: «Cooperar nos hace más felices. ¿Lo has notado?».

Libros de Stéphane Hessel
en la colección Imago mundi

«Una obra de arte vívido a la manera de las llamadas a la rebelión de antaño. ¡Leedlo y divulgadlo!» Maruja Torres, *El País*

«Su pasado le legitima para realizar juicios de valor sobre la situación política presente y hace que su mensaje merezca ser escuchado con detenimiento.» *El Confidencial.com*

«Hessel ha puesto palabras a una sensación vaga de cabreo general. Este libro es una bomba.» Xavi Ayén, *La Vanguardia*